Conception de livre : Maggie Saleeb
Traduction en français : Marinette Soliman

ST SHENOUDA PRESS
8419 Putty Rd,
Putty, NSW, 2330
Sydney, Australia

www.stshenoudapress.com

ISBN: 978-0-6488658-2-7

SHENOUDA PRESS

Toute ma vie, j'ai soigné ces moutons. Je les aime beaucoup. Le problème maintenant, c'est qu'il y a beaucoup de moutons alors que je vieillis. J'ai besoin d'un jeune berger. Je peux peut-être demander aux parents de Chenouda son aide !

« Je veillerai très bien sur votre fils car il m'aidera avec vos moutons dans le champ », ai-je dit aux parents de Chenouda.

« Si vous en avez besoin, vous pouvez également garder une partie de mon salaire en échange de son aide. Je sais que ce n'est pas beaucoup, mais cela aidera un peu votre famille. Et en plus, je suis sûr que j'apprécierai la compagnie de Chenouda. Il a l'air d'être un gentil garçon chrétien. »

1

Le père de Chenouda a répondu : « Certainement ! Nous acceptons tous deux le fait que Chenouda soit formé comme berger, c'était l'occupation de nombreux saints; c'est une bonne idée. Notre jeune garçon a grandi en tant que bon chrétien, et nous aimerions le voir continuer à mûrir. »

« Chenouda nous manquera beaucoup », a déclaré sa mère d'une voix inquiète. « Mais si vous nous promettez que vous le renverrez chaque soir à la fin de la journée de travail, nous accepterons de le faire travailler avec vous. »

« En effet, il est notre fils unique, mais nous vous faisons confiance », a ajouté le père de Chenouda.

« Eh bien, c'est chose faite. Chenouda peut venir avec moi aujourd'hui », ai-je répondu ardemment.

Juste au cas où ils seraient toujours inquiets, j'ai ajouté :

« Ne vous inquiétez pas, je vous le renverrai chaque soir avant le coucher du soleil. Je lui apprendrai tout ce qu'il faut savoir sur le métier de berger, y compris toutes les connaissances que mon père m'a transmises. »

Mes paroles ont rassuré les parents de Chenouda. Ils ont donc donné leur bénédiction avant que j'emmène leur fils dans les champs. Là, j'ai commencé à lui apprendre à devenir berger.

Chenouda m'a demandé « Comment entraines-tu les moutons à t'écouter ? ».

« C'est simple Chenouda. Tout ce que tu as à faire, c'est de les traiter avec amour et soin. Je tiens à la fois une canne et un bâton dans ma main. Les moutons reconnaissent le bâton que je tiens lorsque je marche donc ils me suivent partout où je vais. Tandis que j'utilise la canne comme moyen de défense contre tous les animaux sauvages qui tentent d'attaquer les moutons. »

Il était à la fois agréable d'avoir l'aide de Chenouda sur le terrain mais également d'avoir une personne avec qui je pouvais passer du temps. Le soir venu, j'ai respecté la demande de ses parents et j'ai renvoyé Chenouda vers le village au bas de la colline.

4

À ma grande surprise, ses parents sont venus me voir quelques jours plus tard.

« Pourquoi n'avez-vous pas envoyé notre fils à la maison à temps comme vous l'aviez promis ? », a vivement demandé le père de Chenouda.

« J'étais tellement inquiète ! Chaque fois qu'il ne rentrait pas avant le coucher du soleil, je pensais que quelque chose de mal lui était arrivé ! », a déclaré la mère de Chenouda en soutien à son mari. « Nous vous avons fait confiance et avons conclu un accord. Comment pouvez-vous nous décevoir comme cela ? »

Je leur ai assuré que je renvoyais Chenouda chez lui chaque soir avant le coucher du soleil. J'ai décidé de lui en parler.

« Chenouda, que penses-tu des derniers jours de travail en tant que berger ? », lui ai-je demandé.

« C'est magnifique ! Je suis très content. Cela m'a aidé à comprendre la raison pour laquelle le roi David dit : 'Le Seigneur est mon berger' dans le Psaume 22, que j'ai mémorisé par cœur hier. Tout comme nous veillons sur les brebis, le Seigneur s'occupe de nous de la même manière. », a répondu Chenouda.

J'ai beaucoup admiré sa réponse, mais je n'avais toujours pas compris la raison pour laquelle il rentrait tard chez lui.

« Que fais-tu quand tu pars à la maison, Chenouda ? »

« Je prie et je remercie Dieu. »

Cela ne me donnait toujours pas la raison pour laquelle il ne rentrait pas chez lui directement.

Alors j'ai décidé de suivre Chenouda la nuit suivante, avant le coucher du soleil. Je devais découvrir la raison pour laquelle il ne rentrait pas chez lui à temps.

J'ai gardé une certaine distance entre lui et moi de sorte qu'il ne pouvait pas me voir derrière lui. Mais je restais assez proche pour réussir à garder un œil sur lui. Je me suis caché derrière un grand arbre et j'ai observé le garçon.

J'étais très étonné de le voir marcher directement vers un lac.

Je l'ai alors entendu parler, mais je ne voyais personne d'autre autour de lui... il priait ! Il avait les bras tendus vers le ciel et disait : « Ô mon Cher Seigneur, laisse-moi suivre Ton chemin. »

Tout était plus clair. Il prie au bord du lac avant de rentrer chez lui !

La prochaine fois que je verrai ses parents, je leur raconterai tout ce que j'ai vu.

« J'ai vu votre jeune garçon près du lac, les bras levés, priant à Dieu. Et devinez quoi ? J'ai vu ses doigts briller comme des bougies enflammées ! Peut-être qu'il passe du temps au bord du lac à prier chaque soir et c'est la raison pour laquelle il ne rentre pas à l'heure », leur ai-je expliqué.

« Merci d'avoir découvert cela ! Nous sommes déçus qu'il ne nous l'ait pas dit, mais fiers de son amour pour Dieu. », a répondu la mère de Chenouda.

Bien que j'avais besoin l'aide de Chenouda avec les moutons, je sentais que Dieu avait un autre plan pour ce garçon. Alors j'ai dit à ses parents :

« Je ne suis pas digne de l'avoir avec moi. Il a une relation forte avec Le Seigneur. Il lui parle, et Le Seigneur à Son tour illumine ses mains avec Le Saint-Esprit. Je l'ai vu de mes propres yeux. Il vaut mieux que je continue à garder votre troupeau seul. Le garçon connaît Dieu et il doit suivre Sa volonté. »

Les parents de Chenouda l'ont donc ramené à la maison.

Après plusieurs mois, son père est venu vérifier ses moutons au champ.

« Comment va Chenouda ? », ai-je demandé.

Son père m'a raconté tout ce qui lui était arrivé. « Quand Chenouda a eu neuf ans, mon beau-frère, Abba Pigol, nous a invités dans son monastère, appelé le Monastère blanc. Abba Pigol a décrit une vision qu'il avait eue : Chenouda deviendrait moine un jour ! Il a gardé Chenouda avec lui pour qu'il reste avec les trente autres moines. Ma femme et moi visitons le monastère presque chaque semaine. Ce n'est pas très grand mais extrêmement beau ! Quelle joie de voir notre fils devenir un chrétien fort et de constater à quel point les autres moines l'admirent ! »

Plusieurs décennies se sont écoulées avant de revoir le père de Chenouda. Lors de cette visite en l'an 385 après JC, il m'a raconté que son fils était devenu moine, comme l'avait prédit Abba Pigol. Il m'a également raconté comment Chenouda passait son temps à instruire et diriger de nouveaux moines.

J'ai entendu cela par son père mais également grâce à sa réputation. Chenouda était tellement connu et respecté en Haute-Égypte que saint Cyrille Le Grand l'avait invité à le rejoindre au Concile d'Éphèse. Chenouda a aidé saint Cyrille car il avait un grand zèle pour la foi Orthodoxe. Ce grand saint a pu empêcher Nestorius

de répandre ses faux enseignements sur Jésus, avec l'aide d'Abba Chenouda. Comme punition, Nestorius a été renvoyé et ses mauvais enseignements ont cessé.

Un jour, le père de Chenouda m'a demandé d'aller au marché et de vendre les moutons qui vieillissaient. Pendant que je vendais les moutons au marché, j'ai entendu des gens parler de Chenouda. Ils disaient qu'il avait été ordonné abbé, ce qui signifie qu'il était devenu responsable des autres moines. Ils ont aussi mentionné qu'il avait mis en place un serment que les nouveaux moines devaient réciter avant de rejoindre le monastère.

Les moines vivaient d'abord à l'extérieur du monastère pendant un certain temps puis, s'ils étaient jugés dignes, ils étaient admis dans le monastère et acceptés comme moines. Beaucoup, beaucoup de gens voulaient devenir moines.

Il s'occupait aussi bien des moines du monastère que de tous les croyants des villages voisins. Il les invitait tous au monastère et étudiait la Bible avec eux, en leur donnant tout ce dont ils avaient besoin. Abba Chenouda encourageait les moines à utiliser leurs talents pour servir la population locale. Les moines médecins examinaient les malades et ceux qui étaient

enseignants apprenaient à lire aux analphabètes. Abba Chenouda a instauré de nombreux autres services afin que le monastère devienne un exemple véritable de l'amour chrétien.

Bien qu'il soit occupé à servir les gens, Abba Chenouda s'assurait toujours de passer beaucoup de temps avec Dieu à travers la prière. Un jour, il a passé trois ans seul dans le désert, absorbé par la prière, quand tout à coup, il a entendu une voix céleste dire : « Chenouda, tu es vraiment devenu le dirigeant des moines. »

De nombreuses autres activités étaient pratiquées dans ce monastère. Chaque moine priait et adorait Dieu, et était responsable d'activités manuelles telles que le cordage et le tissage. De plus, Abba Chenouda encourageait les moines à utiliser leurs nombreux talents. Ces talents incluent le tissage et la couture du linge, la culture du lin, le travail du cuir, la cordonnerie, l'écriture et la reliure de livres, la charpenterie, la poterie et le travail du métal. Tous les moines mettaient leurs talents et compétences au service du monastère. Le monastère a grandi et occupait alors une grande superficie de terre. Tous les moines devaient apprendre à lire et beaucoup ont appris à écrire. Abba Chenouda lui-même a notamment écrit beaucoup de choses.

Il adorait écrire des sermons et citer la Bible, généralement de tête, car il avait mémorisé beaucoup de versets quand il était un jeune garçon. Il connaissait très bien les langues copte et grecque et il avait lu de nombreuses histoires et œuvres de Saints. Il préférait cependant parler en langue copte, pour éviter que les gens oublient cette langue.

Je commençais à me demander, comment un monastère de cette taille énorme avait-t-il pu être construit ? D'où venaient les fonds ? J'ai quitté le marché et, sur le chemin du retour, je me suis arrêté pour voir les parents d'Abba Chenouda. La mère de Chenouda m'a raconté l'histoire qui suit.

« Le Seigneur Jésus-Christ est apparu à mon fils, Abba Chenouda, et lui a dit qu'il devait aller dans le désert. Il lui a été instruit de ramasser tout ce qu'il verrait sur le chemin et de l'utiliser pour construire le monastère. Obéissant, il est parti au désert et y est resté pour prier toute la nuit. Le lendemain matin, quand il a quitté le désert, il a trouvé un petit sac en cuir avec des pièces d'argent, et a réalisé que cela avait été envoyé par Dieu pour la construction du monastère. Il a utilisé cet argent pour payer les artisans, c'est-à-dire les tailleurs de pierre et les charpentiers qui travaillaient dans l'église et agrandissaient le monastère. L'argent était

exactement suffisant pour terminer ce grand bâtiment. »

J'ai décidé d'aller voir le Monastère blanc qu'Abba Chenouda avait fini de construire car j'étais très curieux. Alors un jour, j'ai emporté de la nourriture avec moi pour aller visiter ce monastère. Une fois arrivé, j'ai vu que le monastère avait tellement grandi par rapport à sa petite taille d'origine. Il y avait maintenant plus de quatre mille moines et presque autant de nonnes dans un couvent voisin, également construit par Abba Chenouda ! Quand je suis entré, un moine âgé m'a dit qu'Abba Chenouda était absent pendant quelques jours.

« Il n'est pas là, il aide les gens des villages locaux. Abba Chenouda est un véritable dirigeant, à la fois courageux et attentionné », a déclaré le moine. « Voudriez-vous faire un tour du monastère ? »

« Oui, avec grand plaisir ! », ai-je répondu.

« Regardez où nous sommes maintenant, nous nous tenons debout à l'intérieur de l'église principale. C'est dans cette église qu'Abba Chenouda invite tous les gens à venir assister aux vêpres et aux louanges de minuit chaque samedi soir. Puis ils partent et reviennent dimanche matin pour la Sainte Liturgie. Après la Liturgie, tout le monde se rassemble sur ces tables à côté de l'église pour prendre un repas ensemble. »

« Extraordinaire ! Ça a l'air génial ! Je ferai en sorte de venir samedi prochain ! », me suis-je exclamé.

« Ce serait génial mon fils. Maintenant, regardez dehors à votre droite. C'est le bâtiment dans lequel les moines restent. Chaque moine a sa propre chambre. Nous y passons du temps individuellement, nous prions et lisons la Bible, puis nous sortons pour rencontrer les visiteurs et aussi pour faire des tâches différentes partout dans le monastère. Nous assistons ensemble à une prière quotidienne tôt le matin puis à une autre à la fin de la journée. », a continué le moine.

« Cet endroit est comme le Paradis ! », ai-je dit avec étonnement.

Le moine âgé m'a aussi raconté une autre merveilleuse histoire à propos d'Abba Chenouda. Il fut un temps où il essayait de protéger certaines personnes captivées par les Barbares. Les Barbares voulaient l'attaquer et levèrent donc leurs lances sur lui. Abba Chenouda a fait le signe de la croix sur eux et a dit une prière rapide. Immédiatement, leurs bras étaient gelés dans l'air et ils ne pouvaient plus bouger.

Le roi a demandé à Abba Chenouda de prier pour que les bras des soldats soient guéris. En échange de cela, le roi a libéré les captifs, les a amenés au monastère et leur a donné à manger. Beaucoup d'entre eux sont devenus chrétiens grâce à cet acte de bonté. Certains ont même demandé de rester

au monastère et de devenir moines.

J'ai été très impressionné par tout ce que j'avais vu et entendu lors de ma visite au monastère !

Puis j'ai commencé mon long voyage pour rentrer. Je me remémorais les temps anciens de ce jeune garçon qui était venu sur les collines pour m'aider avec les moutons. Je me rappelais aussi comment je l'avais vu adorer Dieu près du lac. Je n'ai pas pu m'empêcher de sourire du fait que j'ai pu être témoin de l'évolution d'un jeune berger qui est devenu plus tard un moine bien respecté puis un saint reconnu.

À l'âge de 108 ans, Abba Chenouda est tombé très malade. Beaucoup pensaient que la maladie était due à sa vieillesse. Il avait beaucoup de douleurs, il a alors appelé les moines au chevet de son lit et leur a demandé de s'asseoir selon leur rang ordonné.

Il a dit : « Voici, les patriarches sont venus avec les prophètes ; les apôtres avec les évêques et les archimandrites avec tous les saints. »

Puis il leur a demandé de prendre ses mains pour qu'il puisse se lever et vénérer le Seigneur. La chambre était remplie d'un parfum merveilleux quand ils l'ont

soulevé, et il a dit ses derniers mots « Dieu est venu pour moi avec Ses anges ! »

Les moines savaient qu'Abba Chenouda était parti dans sa demeure éternelle avec Le Seigneur. Ils se sont souvenus qu'en tant que jeune berger, il avait soigné un troupeau de moutons, mais plus tard, il était devenu un berger qui s'occupait du troupeau du Christ ! Il a commencé sa vie en tant que jeune garçon ordinaire, qui aimait beaucoup Dieu, puis a terminé à sa vie en tant que saint glorieux !

Saint Chenouda L'Archimandrite est honoré en tant que saint, le 7ème jour du mois copte Abib, le 14 juillet. C'est le jour où il a rendu son âme au Seigneur.

24

LA FIN